さくらんぼ と 麦わらぼうし

金子静江 詩

初夏の　風のなか
さくらんぼの
赤い実を
麦わらぼうしに　つんで
わたしにくれた
幼な友だち

十五になって
恋をしたのに
のぼりを立てて
見送られ
ちいさな　兵隊になって
行ってしまった

みちのくに　春がくると
さくらんぼの
老いた樹に
白い花びら
いくど咲いても
いくさに行った　少年は
帰っては　来なかった

ふるさとの　山里に
さくらんぼの
赤い実は
今年も　実っているでしょう
麦わらぼうしを　かぶった
少年たちも　いるでしょう

鈴木憲夫 合唱作品

【オリジナル作品】　　　　　　　　　　　　　　　　　　　　　　グレード

曲名	作詩	ページ	グレード
永訣の朝 (混声/女声/男声)	宮沢賢治 詩	44～48P	中級
地蔵礼讃 (混声)	鈴木憲夫 詩	72P	中～上級
祈禱天頌 (混声)	鈴木憲夫 詩	80P	中級
民 話 (混声/女声〔改訂新版〕)	鈴木憲夫 詩	72P	初～中級
雨ニモマケズ (混声/男声)	宮沢賢治 詩	32P	中級
永久ニ(トコシヘニ) (混声/男声)	鈴木憲夫 詩	64P	中級
高原・イーハトーヴ (混声)〈無伴奏〉	宮沢賢治 詩	20P	中級
みすゞこのみち (混声/女声)	金子みすゞ 詩	72/56P	初級
ほほえみ (混声/女声/男声)	小田切清光 他詩	40～56P	初～中級
ほほえみ (単曲・混声3部版)	小田切清光 詩	12P	初級
地球ばんざい (混声/女声)	まど・みちお 詩	48P	初～中級
二度とない人生だから (混声4部版/混声3部版/女声/男声)	坂村真民 詩	48～56P	初級
楽 園 (混声)〈ピアノ伴奏＋マリンバ〉	鈴木憲夫 詩	64P	中級
マザー・テレサ 愛のことば (混声/女声)		32/40P	初～中級
レモン哀歌 (混声/女声)	高村光太郎 詩	32P	中級
今が美しい (混声3部版/女声)	村田さち子 詩	8P	初級
風の島唄(しまうた) (混声/女声/男声)	小田切清光 詩	16P	初級
三つの聖母マリア賛歌 (混声/女声)		20P	初～中級
平和という果実 (混声/児童/男声)	金子静江 詩	12P	初級
愛を乞うひとたちへ (混声)	塔 和子・鈴木憲夫 詩	48P	初～中級
巡 礼 (混声)	鈴木憲夫 詩	64P	初～中級
さくらんぼと麦わらぼうし (混声3部版/女声2部版/男声3部版)	金子静江 詩	12P	初級
般若心経 (混声)		20P	中級
Ave Maria (混声)		16P	初～中級
ひとひらの花びら (混声)		40P	初級
Requiem (混声)		64P	初～中級
鈴木憲夫 抒情小曲集 (女声)	立原道造 他詩	80P	初～中級
新編・茜の空に (女声)	大沼徳子 他詩	48P	初～中級
ことわざうた (女声)	鈴木憲夫 詩	48P	初～中級
みすゞのそら (女声)	金子みすゞ 詩	48P	初級
鬼の小六 (女声)	鈴木憲夫 詩	76P	初級
愛にささぐ (女声)	三品千鶴 短歌	48P	初～中級
小さな神さま (女声)	今井鴻象 他詩	48P	初級
ラブ・ストーリー (女声)		40P	初級
43の合唱エチュード (女声・同声)		40P	初級
イーハトーヴ・ファンタジア (男声)	宮沢賢治 詩	40P	初～中級
春のなわとび (児童)	宮沢章二 詩	48P	初級
君がいるから (児童)	若谷和子 詩	32P	初級
うたは奇跡のように (同声)	村田さち子 詩	8P	初級

【編曲作品】

曲名		ページ	グレード
日本・こころの歌 (混声)〔春夏編/秋冬編〕(当間修一 共編)	(各)	48P	初～中級
日本・こころの歌 (女声)		32P	初～中級
関白宣言 (混声/男声)		48P	初～中級
ハァ ドッコイショ (混声/男声)		16P	初級
クラシック小品集 (女声)		48P	初級
異邦人 (女声)		40P	初級
木綿のハンカチーフ (女声)		40P	初級

混声三部合唱曲　**さくらんぼ と 麦わらぼうし**　　金子静江(かねこしずえ) 作詩／鈴木憲夫(すずきのりお) 作曲

● 発行所＝カワイ出版（株式会社 全音楽譜出版社 カワイ出版部）
〒161-0034 東京都新宿区上落合 2-13-3　TEL. 03-3227-6286／FAX. 03-3227-6296
出版情報 http://editionkawai.jp

● 楽譜浄書＝セブンス　● 印刷・製本＝平河工業社

© 2018 by edition KAWAI, a division of Zen-On Music Co., Ltd.

● 楽譜・音楽書等出版物を複写・複製することは法律により禁じられております。落丁・乱丁本はお取り替え致します。
● 本書のデザインや仕様は予告なく変更される場合がございます。

ISBN978-4-7609-2386-1

2018年 3月 1日 第1刷発行
2024年 1月 1日 第4刷発行

ISBN978-4-7609-2386-1
C3073 ¥600E

定価 660 円
(本体 600 円+税 10%)

CODE : 2386